DECLARATION
DV ROY,

DONNE' A VERSAILLES,
le huitiéme May 1693.

CONCERNANT LA DOTTE
des Religieuses.

*Publiée en Audience publique les Chambres assemblées
le 23. May 1693.*

LOUIS par la grace de Dieu Roy de France & de Navarre, Dauphin de Viennois, Comte de Valentinois & Diois : A tous ceux qui ces presentes Lettres verront, Salut. Le zele avec lequel Nous employons l'autorité qu'il a plû à Dieu de Nous donner pour maintenir en toutes choses la Disciplne Ecclesiastique & les Ordres que Nous donnâmes dans les années 1666. & 1667. touchant l'établissement des Monasteres & la reception des personnes qui embrassent la Profession Religieuse marquent assez le désir que Nous aurions de voir observer dans leur pureté les Regles les plus étroites qui ont esté faites sur ce sujet ; Mais com-

A

me quelques-uns des Monasteres que l'on a laissé établir dans nôtre Royaume, & particulierement dépuis le commencement de ce siecle n'ont eu aucuns biens assurez lors de leur établissement, & que plusieurs n'ont encore qu'une portion mediocre de ce qui est necessaire pour leur subsistance, les Superieurs de ces Maisons ont cherché des secours à leur necessité dans les dots qu'elles ont reçû des personnes qui y sont entrées, & quelques Monasteres qui ne se trouvoient pas dans le même besoin n'ont pas laissé d'augmenter encore par cette voye les biens considerables qu'ils avoient même par les fondations qui en avoient esté faites, nos Parlemens ont reprimé ce désordre dans des occasions où l'on avoit donné des sommes excessives pour l'entrée de quelques personnes dans des Monasteres, & ils ont même taché d'en empêcher la continuation par des Arrests generaux qu'ils ont rendu ; cependant comme ces Arrests n'ont pas eu le succez que l'on devoit attendre de la justice de leurs dispositions, & que les voyes dont on s'est servy pour en éluder l'execution se sont trouvées encore plus prejudiciables à nos Sujets que ce qui avoit esté pratiqué auparavant, Nous voyons la necessité qu'il y a d'y apporter des remedes tels que l'ordre de l'Eglise & le bien de nôtre Etat peuvent désirer, & en attendant que la Paix que Nous souhaittons avec tant d'ardeur Nous mette plus en état de procurer un si grand bien, Nous ne voulons pas differer plus long-temps à empêcher un abus que l'on ne sçauroit tolerer, & à pourvoir en même temps par piovision à la subsistance des Monasteres qui en ont un veritable besoin par une voye qui a esté approuvée & pratiquée par les plus Saints Prelats, dépuis & en execution du dernier Concile ; & qui ne sera pas onereuse aux familles de nos Sujets.   A C E S

CAUSES de l'avis de nôtre Conseil & de nôtre certaine science, pleine puissance & autorité Royale Nous avons statué & ordonné, statuons & ordonnons que les Saints Decrets, Ordonnances & Reglemens concernant la reception des personnes qui entrent dans les Monasteres pour y embrasser la Profession Religieuse seront executées ; ce faisant défendons à tous Superieurs & Superieures d'iceux d'exiger aucune chose directement ou indirectemeut, en veuë & consideration de la reception à la prise d'Habit ou de la Profession; Permettons neanmoins aux Monasteres des Carmelites des Filles de Sainte Marie, des Urcelines & autres qui ne sont point fondez, & qui sont établis dans nôtre Royaume dépuis l'an 1600. en vertu de Lettres Patentes bien & dûëment enregistrées en nos Cours de Parlemens de recevoir des pensions viageres pour la subsistance des personnes qui y prennent l'Habit & y font Profession, Voulons qu'il en soit passé des actes pardevant Notaires avec leurs peres, meres, Tuteurs ou Curateurs, à la charge que lesdites pentions ne pourront pour quelque cause & sous quelque pretexte que ce puisse estre exceder la somme de cinq cens livres par chacun an dans nôtre bonne Ville de Paris, & autres dans lesquelles nos Cours de Parlement sont établies, & celle de trois cens cinquante livres dans toutes les autres Villes & lieux de nôtre Royaume, & que pour la seureté desdites pensions l'on puisse assigner des fonds particuliers dont les revenus ne puissent estre saisis jusqu'à concurrence desdites pentions pour dettes créez dépuis leur constitution, faisant dés à present main-levée de toutes les saisies qui pourroient en estre faites, & ce nonobstant toutes surseances & Lettres d'Etat : Enjoignons à nos Cours & Juges de les ordonner lors quelles leurs seront demandees,

A 2.

4

Permettons pareillement auſdits Monaſteres de recevoir pour les meubles, habits & autres choſes abſolument neceſſaires pour l'entrée des Religieuſes juſqu'à la ſomme de deux mille livres une fois payé dans les Villes où noſdites Cours de Parlement ſont établies, & juſqu'à celle de 1200. liv. dans les autres Villes & lieux dont il ſera paſſé des actes pardeuant Notaires, & en cas que les parens & heritiers des perſonnes qui entreront dans leſdits Monaſteres ne ſoient pas en volonté, ou en état d'aſſurer leſdites pentions viageres en tout ou en partie, Permettons auſdits Superieurs de recevoir des ſommes d'argent ou des biens immeubles qui tiennent lieu deſdites pentions, pourveu que leſdites ſommes d'argent ou la valeur deſdits biens immeubles n'excedent pas la ſomme de huit mille livres dans les Villes où nos Cours de Parlement ſont établies, & ailleurs celle de ſix mil livres, & qu'où l'on voudroit donner une partie en argent ou immeubles, & l'autre en pentions moindre & au deſſous deſdites cinq cens livres, & trois cens cinquante livres, leſdites ſommes d'argent ou biens immeubles que l'on pourra donner pour ſuplée auſdites pentions ſeront reduits & reglez ſur le même pied & ſuivant la même proportion. Voulons que les heritages que l'on pourra donner à cet effet ſoient eſtimez prealablement par des Experts qui ſeront nommez d'office par nos principaux Juges des lieux, leſquels donneront enſuite permiſſion auſdits Monaſteres de les recevoir par forme d'alimens, & au lieu de pentions viageres, & qu'il ſoit paſſé des actes pardevant Notaires de la délivrance deſdites ſommes d'argent & des biens immeubles qui ſeront ainſi donnez, Voulons que les dots & pentions cy-devant promis & conſtituez même pendant & dépuis l'année 1667. par les parens ou Tuteurs

d'aucunes des Religieuſes ayent lieu nonobſtant tous Juge-
mens & Arreſts qui pourroient avoir eſté rendus au contrai-
re. A condition que ſi leſdits dots ou pentiont ſe trouvent
exceder les ſommes reglées cy-deſſus elles demeureront re-
duites ſuivant nôtre preſente Déclaration en cas que les peres,
meres, freres & ſœurs deſdites Religieuſes le demandent dans
ſix mois aprés l'enregiſtrement & la publication qui en ſera
faite dans nos Cours. Permettons aux autres Monaſteres
même aux Abbayes & Prieurez qui ont des revenus par leurs
fondations & qui pretendront ne pouvoir entretenir le nombre des Religieuſes qui y ſont, de repreſenter aux Archevêques & Evêques des états de leurs revenus & de leurs charges
ſur leſquels ils Nous donneront les avis qu'ils trouveront à
propos touchant les Monaſteres de cette qualité où ils eſti-
meront que l'on pourra permettre de recevoir des pentions
des ſommes d'argent ou des immeubles de la valeur exprimée
cy-deſſus, & ſur le nombre des Religieuſes qui y ſeront re-
çûës à l'avenir au delà de celuy qu'ils croyent que leſdits Monaſteres peuvent entretenir de leurs revenus, pour les avis deſdits Archevêques & Evêques veut y eſtre pourveu ainſi qu'il
appartiendra. Deffendons aux femmes veuves & filles qui
s'engagent dans les Communautez Seculieres dans leſquel-
les l'on conſerve ſous l'autorité de la Superieure la joüiſſance
& la proprieté de ſes biens d'y donner plus de trois mil livres
en fonds outre des pentions viageres telles qu'elles ſont mar-
quez cy-deſſus. Deffendons pareillement aux peres, meres,
& à toutes autres perſonnes de donner directement ou indi-
rectement auſdits Monaſteres & Communautez aucune cho-
ſe autre que celles qui ſont expliquées par nôtre preſente Déclaration en conſideration des perſonnes qui y font Profeſ-

A ţ

fion & qui s'y engagent, à peine de trois mil livres d'aumône contre les donateurs, & de la perte par lefdits Monafteres & Communautez qui les auront accepté des chofes données fi elles font en nature , ou du payement de la valeur fi elles n'y font pas , le tout appliquable au profit des Hôtels-Dieu & des Hôpitaux generaux des lieux. N'entendons neanmoins comprendre dans la prefente difpofition les donations qui feroient faites aux Monafteres pour une retribution jufte & proportionnée des prieres qui y pourroient eftre fondées quand même les fondateurs y auroient des parentes à quelque dégré que ce puiffe eftre. Voulons qu'à l'égard des Communautez des perfonnes Seculieres & Regulieres qui ne font point confirmées par nos Lettres Patentes nôtre Edit du mois de Decembre 1666. foit inceffament executé , & à l'égard de celle que l'on ne jugera pas neceffaire de confirmer ou tranfferer, Nous déclarons dés à prefent nulles toutes les acquifitions & donations d'heritages , rentes ou autres immeubles faites par elles & à leur profit, Voulons que lefdits biens pour ce qui eft des Communautez de perfonnes Regulieres foient donnez aux Monafteres dans lefquels les Archevêques ou Evêques des lieux jugeront à propos d'envoyer les Religieufes qui fe trouveront dans lefdites Communautez, & pour ce qui eft de celles de perfonnes Seculieres lefdits biens foient donnez aux Hôtels-Dieu & aux Hôpitaux generaux des lieux où lefdites Communautez eftoient étabies. Ordonnons au furplus que nôtre Edit du mois de Decembre de l'an 1666. contenant les formalitez qui doivent eftre obfervées pour l'établiffement des Communautez Seculieres & Regulieres foit ponctuellement executé, même à l'égard des tranflations des Monafteres & Communautez d'un lieu ou d'une maifon à un autre, lesquelles ne pourront eltre fartes qu'aprés que toutes les formalitez portées par ledit Edit pour les premiers établissemens desdits Monasteres auront esté observées : Enjoignons à nos Juges & Officiers d'y tenir ponctuellement la main, & de prononcer contre les Communautez qui seront établies ou transferées sans avoir satisfait ausdites formalitez les peines portées par nôtredit Edit. SI DONNONS EN MANDEMENT à nos amez & feaux Conseillers les Gens tenans nôtre Cour de Parlement de Dauphiné, que ces presentes ils ayent à faire lire, publier & enregistrer, & le contenu en icelles garder & observer selon sa forme & teneur, sans contrevenir ny souffrir qu'il y soit contrevenu en quelque sorte & maniere que ce soit ; Car tel est nôtre plaisir, en témoin dequoy Nous avons fait mettre nôtre Scel à cesdites presentes. Donné à Versailles le 8. jour de May l'an de grace 1693. Et de nôtre Regne le cinquantiéme. Signé, LOUIS : Et plus bas, Par le Roy Dauphin. COLBERT.

SUR la Requeste presentée par le Procureur General du Roy, tendante à enregistrement de la Déclaration de sa Majesté donnée à Versailles le huitiéme du present mois de May concernant les dottes des Religieuses.

VEU, &c.

LA Cour les Chambres Assemblées enterinant ladite Requeste, Ordonne que ladite Déclaration sera enregistrée au Greffe d'icelle, & en consequence leuë & publiée à

8

l'Audiance publique pour eſtre executée ſelon ſa forme &
teneur, que pluſieurs copies collationnées en ſeront envoyées
au Conſeil Provincial de Pignerol, Preſidial de Valence,
Baillages, Senéchauſſées, & autres lieux accoûtumez de ce
Reſſort pour y eſtre pareillement leuë & publiée à la dili-
gence des Subſtituts du Procureur General du Roy auſdits
Sieges, qui en certifieront la Cour dans le mois, à peine d'en
répondre à leur propre & privé nom. Fait en Parlement le
23ᵉ May 1693. Signé,

Leu & publié en Audience publique, les Chambres
Aſſemblées : Ouy & ce requerant le Procureur General
du Roy. Fait à Grenoble en Parlement le 23. May 1693.
Signé, GLASSON.

*Extrait des Regiſtres du Greffe Civil de la Cour de
Parlement de Dauphiné.*

A GRENOBLE,
Chez ALEXANDRE GIROUD Libraire,
de Noſſeigneurs du Parlement, à la Salle du Palais.